8° R
5662

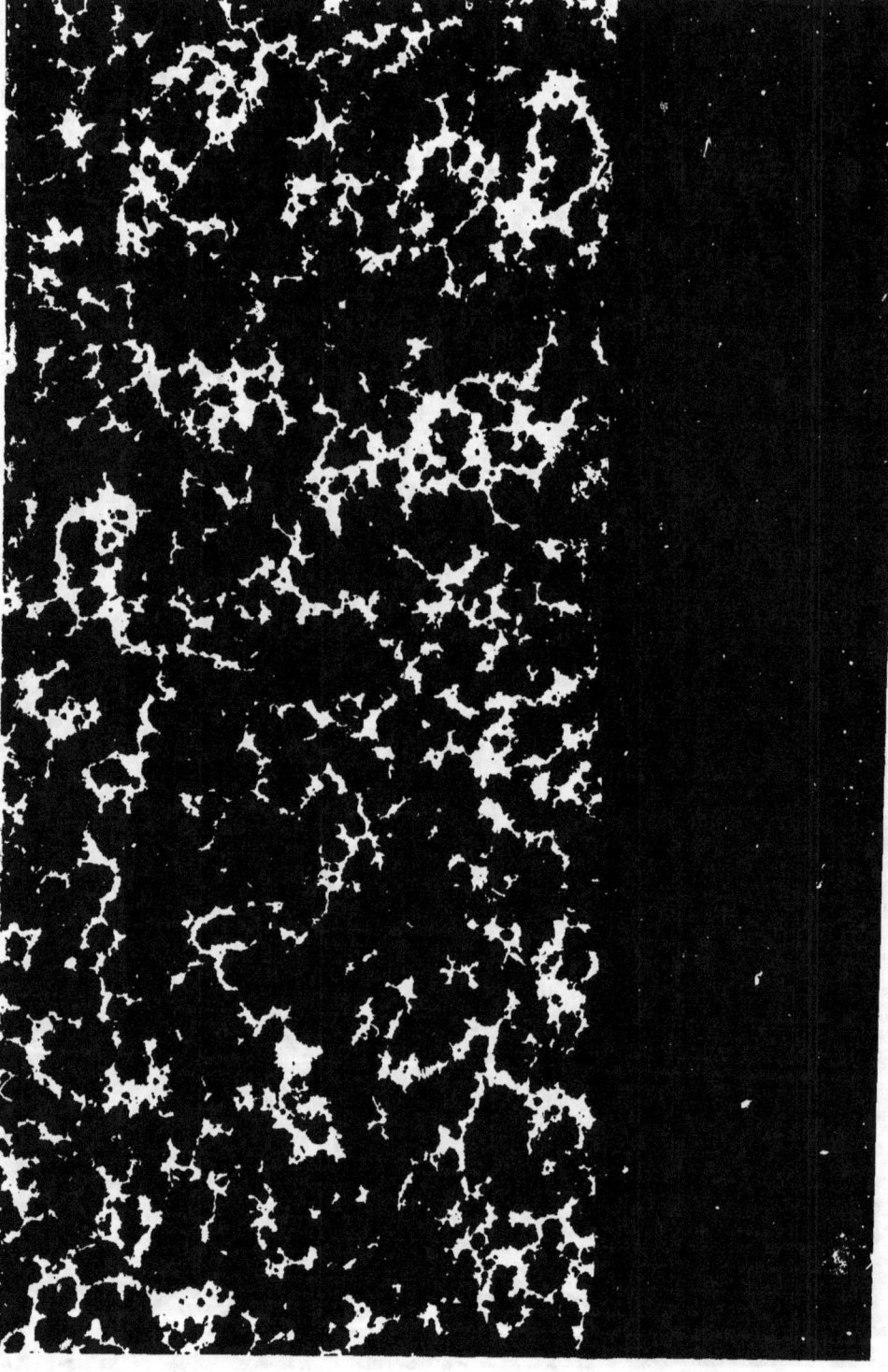

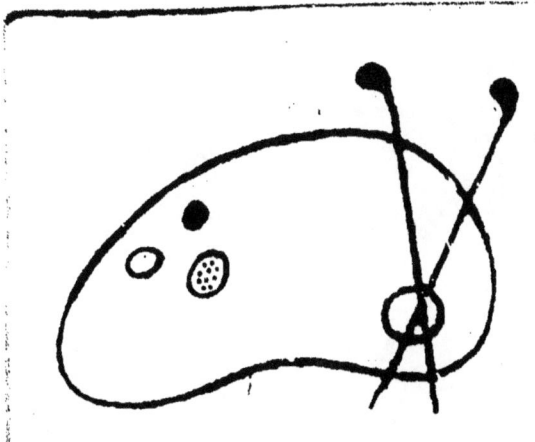

Fin d'une série de documents en couleur

DE LA
PHILOSOPHIE
MODERNE;

PAR RIVAROL.

SECONDE EDITION.

PRÉFACE (1).

Lorsque les hommes s'égorgent au nom de quelques principes philosophiques ou politiques; lorsqu'ils font, pour établir la domination de leur dogme, tout ce que le fanatisme religieux a osé pour les siens, alors, quoiqu'ils bornent leur empire à la vie présente, il n'en est pas moins certain que leur philosophie a son fanatisme; et c'est une vérité dont les sages du siècle ne se

---

(1) *Note de l'éditeur.* Cette préface et les réflexions sur la philosophie moderne, sont extraites de la première partie du *discours préliminaire du dictionnaire de la langue française, par Rivarol.* Ce grand ouvrage n'a pas pu pénétrer en France, grâce à la *protection puissante* que François (de Neufchâteau) accordoit aux lettres et aux arts. Nous ne craignons pas d'affirmer que lorsqu'il y sera connu, il placera l'auteur au rang de nos plus grands écrivains.

sont pas doutés. Ils sont morts : la plupart d'entr'eux aimoient la vertu, et la pratiquoient; mais pour avoir cru que le fanatisme étoit exclusivement le fruit des idées religieuses, pour avoir méconnu la nature de l'homme et des corps politiques; pour avoir ignoré le poison des germes qu'ils semoient, une effrayante complicité pèse sur leur tombe, et déja leur épitaphe se mêle à celle d'un grand empire, à celle de deux républiques, à celle des plus florissantes colonies (2).

Les voilà donc au fond de leurs tombeaux, devenus à leur insçu, les pères d'une famille de philosophes, qui ont pris, en leur nom, et sous leur étendard, la nouveauté pour principe, la destruction pour moyen, et une révolution pour point fixe; qui se sont ar-

---

(2) L'auteur écrivoit en 1797.

més des passions du peuple, en même tems que le peuple s'armoit de leurs maximes; et dans ce troc périlleux des théories de l'esprit et des pratiques de l'ignorance, des subtilités des chefs et des brutalités des satellites, on les a vus tour-à-tour s'enivrer de popularité et de souveraineté, jusqu'à ce qu'enfin de cet accouplement de la philosophie et du peuple, il soit sorti une nouvelle secte, forte des argumens de l'une et de la massue de l'autre, mais également redoutable à tous deux; monstre inexplicable, nouveau sphinx qui s'est assis aux portes d'une ville déja malade de la peste, pour ne lui proposer que des énigmes et le trépas........ *Le genre humain a-t-il souffert de toutes les guerres de religion, autant que de ce premier essai du fanatisme philosophique ?* C'est le dernier problême du monstre : il s'est gravé dans la mémoire du monde épouvanté, et la postérité le résoudra en gémissant.

Puisque j'ai promis, dans ce tableau de l'homme (3), de parler de ses maladies, comment aurai-je pu passer sous silence une des plus grandes plaies dont le genre humain ait encore été frappé ? et quand on songe que c'est par la main des philosophes, comment pourroit-on ne pas chercher à définir cette nouvelle et désastreuse philosophie ?

---

(3) L'ouvrage dont le titre se trouve dans la première note.

DE LA PHILOSOPHIE MODERNE;

Par RIVAROL.

On a de tout tems divisé la philosophie en deux branches; celle qui s'occupe de l'étude de la nature, et qui comprend la physique, la chimie, l'histoire naturelle et l'astronomie; et celle qui n'étudie que la partie intellectuelle et morale de l'homme. Dans l'une et dans l'autre de ces divisions, la philosophie cherche et trouve toujours de nouvelles raisons d'admirer la nature, et de nouveaux moyens de servir les hommes. Si la philosophie ne s'étoit pas écartée de cette honorable mission, elle eût contribué au perfectionnement de l'homme, au repos et à la gloire du monde; et son nom, garant, souvenir et augure de bonheur, seroit le plus doux espoir du genre humain. Mais il est de l'essence de la philosophie d'agrandir les esprits rares, et d'enhardir les ames vulgaires; d'ex-

DEBUT DE PAGINATION

citer une admiration éclairée dans les uns, et une audace aveugle dans les autres. Semblable au métier de la guerre, qui se change en théorie dans la tête du vrai guerrier, et devient la science protectrice des empires, tandis qu'il n'est pour le commun des hommes, qu'une école de barbarie et de brigandage, la philosophie a eu le malheur d'enfanter des esprits superbes, dont les excès ont déshonoré son nom.

On entend donc aujourd'hui par *philosophe*, non l'homme qui apprend le grand art de maîtriser ses passions, ou d'augmenter ses lumières, mais celui qui joint à l'esprit d'indépendance, le despotisme de ces décisions; qui doute de tout ce qui est, et qui affirme tout ce qu'il dit; l'homme enfin qui secoue les préjugés, sans acquérir des vertus.

Il est résulté de là, qu'un physicien du premier ordre, mais religieux, tel que Pascal ou Newton, n'étoit pas philosophe, et qu'un ignorant hardi étoit un grand philosophe. Cette conséquence n'a pas étonné le siècle.

Comme c'est éminemment l'esprit d'analyse qui domine dans la philosophie, ses nouveaux disciples ont employé par-tout les dissolvans et la décomposition. Dans la physique, ils n'ont trouvé que des objections contre l'auteur de la nature; dans la métaphysique, que doutes et subtilités; la morale et la logique ne leur ont fourni que des déclamations contre l'ordre politique, contre les idées religieuses, et contre les loix de la propriété : ils n'ont pas aspiré à moins qu'à la reconstruction du tout, par la révolte contre tout; et sans songer qu'ils étoient eux-mêmes dans le monde, ils ont renversé les colonnes du monde.

Comment n'ont-ils pas vu que leurs analyses étoient des méthodes de l'esprit humain, et non un moyen de la nature; que, dans cette nature, tout est rapport, proportion, harmonie et aggrégation; qu'elle lie, rassemble et compose toujours, même en décomposant; car ses loix ne dorment jamais; tandis que l'homme qui analyse, soit comme chimiste, soit comme raisonneur, ne peut qu'observer et suspendre, décomposer et tuer. Que dire d'un architecte qui, chargé d'élever un édifice, briseroit les pierres pour y trouver des sels, de l'air et une base terreuse, et qui nous offriroit ainsi une analyse au lieu d'une maison? Le prisme qui dissèque la lumière, gâte à nos yeux le spectacle de la nature.

Ils ont donc constamment abusé de l'instrument le plus délié de l'esprit humain, je veux dire de l'analyse ou de la métaphysique. Ils n'ont pas senti que les vérités sont harmoniques, et qu'il n'est permis de les présenter que dans leur ordre ; que si on dit aux hommes : *Vous êtes égaux, puisque vous êtes semblables*, c'est une vérité purement anatomique ; que si on leur dit : *Vous êtes frères*, c'est une vérité religieuse ; que si enfin on les voit inégaux par les talens, les emplois, la force et la fortune, et plutôt rivaux que frères et amis, on ne sort pas de l'état naturel, ou de l'ordre politique. Annuller les différences, c'est confusion ; déplacer les vérités, c'est erreur ; changer l'ordre, c'est désordre. La vraie philosophie est d'être astronome en astronomie, chimiste en chimie, et politique dans la politique.

Ils ont cru cependant, ces philosophes, que définir les hommes, c'étoit plus que les réunir ; que les émanciper, c'étoit plus que les gouverner ; et qu'enfin, les soulever, c'étoit plus que les rendre heureux. Ils ont renversé des états pour les régénérer, et disséqué des hommes vivans, pour les mieux connoître.

C'est en vain que Platon (car la Grèce avoit souffert aussi des débordemens de cette philosophie) leur avoit dit que ce n'étoit point à eux à faire des vers et de la musique, mais d'en parler, puisque leur philosophie étoit discoureuse. C'est en vain que Zénon avoit prononcé que le vrai philosophe n'est qu'un bon acteur, également propre au rôle de roi et de sujet, de maître et d'esclave, de riche et de pauvre; car en effet, il est de la vraie philosophie de faire son bien, et non de trouver tout mal : c'est en vain, dis-je, que les hommes étoient bien avertis sur la nature et la différence des deux philosophies ; il s'est fait dans toutes les têtes un changement qui a préparé la révolution dont les philosophes ont été brusquement promoteurs, guides et victimes ; révolution dans laquelle ils ont pensé qu'on pouvoit dénaturer tout, sans rien détruire, ou tout détruire sans péril, et hasarder le genre humain sans crime.

Dans le monde, on se moquoit jadis des philosophes, qui se moquoient à leur tour de tout ce que le monde adore, qui étaloient le mépris des richesses, qui gourmandoient toutes les passions, qui démontroient le vuide des grandeurs; et on se moquoit d'eux par la même raison que nos philosophes se moquent des saints, parce qu'on n'y croyoit pas.

Mais si les anciens philosophes ne cherchoient que le souverain bien, les nouveaux n'ont cherché que le souverain pouvoir. Aussi le monde s'est-il d'abord accommodé de cette philosophie, qui s'accommodoit de toutes les passions. Elle avoit un air d'audace et de hauteur, qui charma la jeunesse et dompta l'âge mûr, une promptitude et une simplicité qui enlevèrent tous les suffrages et renversèrent toutes les résistances; les instrumens de la destruction sont en effet si simples ! Et comme ces philosophes sembloient avoir le privilège de la liberté et des lumières, qu'ils honoroient ou flétrissoient à leur choix; inscrivoient ou rayoient, dans leur liste, les grands hommes de tous les siècles, selon qu'ils les trouvoient favorables ou contraires à leur plan, ils captèrent, engagèrent et compromirent si bien l'amour propre du public, des administrateurs, des courtisans et des rois, qu'il fallut se ranger sous leur enseigne, pour faire cause commune avec la raison. On se ligua donc avec eux contre le joug de la religion, contre les délicatesses de la morale, contre les lenteurs et les timidités de la politique et de l'expérience; en un mot, contre l'ancien monde; et la philosophie ne fut plus distinguée de la mode.

On se souvient de la folle joie des philosophes, en voyant le succès de leurs livres, la foule des conversions et l'unanimité des suffrages. Ils en furent éblouis au point de croire qu'à leur voix les peuples se mettroient en mouvement, comme les pierres de Thèbes aux accens d'Amphion. Ils ne virent pas que les applaudissemens leur venoient de l'ordre qui existoit encore tout entier, et que c'étoit de tous les rangs de la société que partoient les suffrages. Quand on représente le chaos sur nos théâtres, les loges retentissent d'applaudissemens; mais l'auteur de la pièce ne conclut pas de son succès, qu'on ne sauroit trop vite porter le chaos, la mort et le néant dans le monde.

C'est pourtant ce qu'ont tenté et exécuté les philosophes. Au lieu de laisser bondir la chimère dans le vuide, ils ont dit : « Puisque nous » tenons la puissance, réalisons la chimère; bâ- » tissons entre les tombeaux des pères et les ber- » ceaux des enfans ; plaçons nos espérances sur » d'autres générations; que notre amour soit pour » le futur et l'inconnu, et notre protection pour » l'univers ; notre haine et nos anathêmes pour » nos contemporains, et pour le sol que nous » foulons. Périssent nos colonies, périsse le » monde, plutôt qu'un seul de nos principes ! » Guerre aux châteaux ! c'est-à-dire, *à l'or;* paix » aux chaumières ! c'est-à-dire, *oubli.* »

Voilà leurs paroles, voilà l'esprit, le cœur, la doctrine et les oracles de ces amis de l'homme ! Tuteurs hypocrites, ils ont aimé les pauvres, et les nègres, de tous leurs haine pour les blancs et les riches; législateurs cosmopolites, ils ont ri des droits de la propriété, des lois de la morale, des douleurs de la religion et des cris de l'humanité.... Eh! combien de coups ils ont porté à cette triste humanité, qui ne retentiront que dans la postérité!

Mais leur rire n'a pas duré; tout ce qu'ils ont enfanté, leur a d'abord été rendu comme conséquence de leurs principes. « Hélas! s'est crié l'un d'eux en se donnant la mort, nous n'avons trouvé qu'un labyrinthe au fond d'un abîme! » Les autres ont péri sur l'échafaud, et leurs cendres retrempent dans les larmes et le sang d'un million de victimes. Quelques-uns, plus infortunés peut-être, promènent dans l'Europe des douleurs sans remords; (car tout fanatique vit et meurt sans remords); ils redemandent leur proie ou quelque nouvelle terre à régénérer; ils ne conçoivent pas l'atroce méprise de leurs prosélytes. « Comment, s'écrient-ils, nos disciples et nos satellites sont-ils devenus nos bourreaux? »

« C'est, leur a déjà répondu l'homme qui a
» le mieux peint les démons et l'enfer, c'est que
» vous construisiez dans l'empire de l'anarchie,
» un pont sur le chaos; mais quand il a fallu
» passer, des monstres vous en ont disputé

« d'abord : épouvantés de cette apparition, vous » avez reculé, et les monstres vous ont dit: » Pourquoi reculer? Vous êtes nos pères! » (1)

Il est triste, sans doute, que de telles images ne soient que de pâles copies de ce que le monde voit et endure; et je ne peux me défendre ici d'observer combien les Rousseau, les Helvétius, les Diderot, les d'Alembert et les Voltaire sont morts à propos. En nous quittant à la veille de nos malheurs, ils ont emporté les suffrages du siècle; ils n'ont pas à gémir de la révolution qu'ils ont préparée, ils n'ont point à rougir des hommages de la convention. S'ils vivoient encore, ils seroient exécrés par les victimes qui les ont loués, et massacrés par les bourreaux qui les déifient.

Le plus éloquent de ces philosophes a dit que les enfans étoient nécessairement de petits philosophes ; il faut alors que les philosophes soient nécessairement de grands enfans. Mais Hobbes a fort bien prouvé que le méchant n'étoit qu'un enfant robuste : donc nos philosophes sont des méchans.

_____

(1) Voyez Milton. *Drago iste quem formastis et illa pupillia quorum non est numerus.*

Tout philosophe constituant est gros d'un jacobin : c'est une vérité que l'Europe ne doit pas perdre de vue.

On peut réduire à un seul tous leurs sophismes: *au miracle d'une clarté subite dans toutes les têtes, et à la propagation universelle des lumières chez tous les peuples.* « Nous ferons
» tomber, disoient-ils, les différences natio-
» nales par le commerce; les limites politiques
» par la philantropie, les rangs et les conditions
» par l'égalité; les gouvernemens par la liberté,
» et toutes les religions par l'incrédulité. La phi-
» losophie n'a pour sceptre qu'un flambeau, et
» les grandes familles du genre humain marche-
» ront à sa lumière. »

Mais la nature éternelle des choses s'est d'abord opposée à de si vastes prétentions. Les lumières s'élèvent et ne se répandent point: elles gagnent en hauteur et non pas en surface; elles se font connoître au vulgaire par de plus nombreux résultats, jamais par leurs théories; et semblables à la Providence, les arts s'entourent de plus de bienfaits, sans rien diminuer de leur difficulté. Au contraire, c'est toujours de plus haut qu'ils versent la lumière. Aussi la science qui s'élève trop, est-elle enfin traitée par le peuple comme la magie, admirée à proportion qu'on l'ignore. Les aërostats n'ont rien fait soupçonner au vulgaire, sur la théorie des airs; les paratonnerres, rien sur l'électricité; les pendules, rien sur les loix du mouvement ; enfin les découvertes de la géométrie, n'ont pas tiré le peuple des quatre règles de l'arithmétique, et l'almanach n'apprend l'astronomie à personne. Il est donc certain qu'à mesure qu'elle s'élève, la science échappe au vulgaire. C'est donc le progrès en concentration, et non l'expansion des lumières, qui doit être l'objet des bons esprits ; car malgré tous les efforts d'un siècle philosophique, les empires les plus civilisés seront toujours aussi près de la barbarie, que le fer le plus poli l'est de la rouille : les nations comme les métaux n'ont de brillant que les surfaces. Le peuple repousse ou adopte les méthodes des savans, comme il en repousseroit ou en adopteroit d'opposées : toujours sans conviction, il ne donne aux vérités comme aux erreurs, que le suffrage de l'imitation, l'obéissance de la séduction et l'enthousiasme de la nouveauté. L'homme instruit est fondé à penser et à dire du peuple, ce que celui-ci ne peut ni penser ni dire de lui : car, il connoît le peuple, et le peuple ne le connoît pas. Il faut donc consulter le savant sur le peuple, et non le peuple sur le savant. La volonté du peuple peut être de brûler la bibliothèque publique ou les cabinets d'histoire naturelle ; mais la volonté du savant ne sera jamais de détruire les ateliers et les magasins du peuple.

On peut poser comme principe, qu'il y a dans ce monde un consentement tacite, donné par l'ignorant et le foible, à la science et à la puissance, et les philosophes le savoient bien : mais ils ont cru que le savoir et le pouvoir ne se quitteroient pas, et que l'artillerie et l'imprimerie seroient toujours dans les mêmes mains. L'expérience les a cruellement détrompés : du jour où le philosophe Robespierre eut la puissance, il opprima la science. Ses meurtriers abhorrent son nom, mais ils adorent ses principes, et vivent encore de ses crimes. Le monde est toujours menacé d'une de ces intercadences de lumières si funestes au genre humain; époque de progrès interrompus, d'empires renouvellés, d'hommes nouveaux, et de superstitions inconnues; malheureux tems, où la barbarie qui détruit se mêle à la subtilité qui projette; où les antiques monumens des arts s'allient aux emblêmes bizarres et fugitifs de la nouveauté; où les souvenirs sont si tristes et les espérances si lointaines; où l'homme de bien gémit également, et sur tout ce qui tombe et sur tout ce qui s'élève. L'ignorance des sauvages et leur barbarie sans mélange, n'offrent pas de si désolantes images. Dans l'hiver, la nature engourdie ne craint point les ravages des torrens; mais au temps des moissons ils la surprennent chargée des richesses de l'amitié.

La philosophie étant le fruit des longues méditations et le résultat de la vie entière, ne doit ni ne peut être présentée au peuple qui est toujours au début de la vie. Les paysans, par exemple, sont chargés de la première digestion du corps politique : si avec nos lumières, nous avions leurs peines; et si, avec leurs peines, ils avoient nos lumières, ils ne voudroient plus travailler, et nous ne voudrions plus vivre. Enfin il y aura toujours pour le peuple, sept jours dans la semaine, six pour le travail, et un pour le repos et la religion : rien pour la philosophie (1).

L'égalité indéfinie parmi les hommes, étant un des rêves les plus extraordinaires de cette

_____

(1) « Il faut attendre paisiblement un meilleur état » des choses du progrès des lumières, et ne pas hasarder ce que le temps doit amener sans secousses et sans atrocités. » Voilà ce que disoit sincèrement le philosophe Condorcet, avant la révolution, ce même philosophe qui n'a vu depuis, dans l'incendie des châteaux, que les feux de joie de la liberté, et la justice du peuple dans les massacres.

Voltaire a dit : « Plus les hommes seront éclairés, et plus ils seront libres. » Ses successeurs ont dit au peuple que plus il seroit libre, plus il seroit éclairé; ce qui a tout perdu.

philosophie, mérite ici quelques momens d'attention.

Au lieu de statuer que la loi seroit égale pour tous les hommes, ils décrétèrent que les hommes étoient naturellement égaux, sans restriction. Mais il y a une chose dont on ne pourra jamais décréter l'égalité, ce sont les conditions, les rangs et les fortunes. S'ils eussent dit que toutes les conditions sont égales, on se seroit moqué d'eux; ils ne décrétèrent donc que l'égalité des hommes, préférant ainsi le danger au ridicule : je dis le danger, car les hommes étant déclarés égaux, et les conditions restant inégales, il devoit en résulter un choc épouvantable. Heureusement que les décrets des philosophes ne sont pas des loix de la nature : elle a voulu des hommes égaux avec des conditions et des fortunes inégales, comme nous voulons des anneaux inégaux pour des doigts inégaux : d'où résulte l'harmonie générale. C'est ainsi qu'en géométrie la parité résulte des impairs avec les impairs, tandis que des impairs avec des pairs, ne produiroient jamais que des impairs. Qu'importe donc aux hommes d'être déclarés égaux, si les conditions doivent rester inégales ? Il faut au contraire se réjouir, quand on voit des hommes très-bornés dans des conditions très-basses ; comme il faudroit

droit s'affliger, si la loi portoit des brutes dans les grands emplois, et repoussoit l'homme de génie vers les professions serviles et méchaniques. L'inégalité est donc l'ame des corps politiques, la cause efficiente des mouvemens réguliers et de l'ordre.

C'est que les philosophes ont confondu l'égalité avec la ressemblance. Les hommes naissent en effet semblables, mais non pas égaux. Or, c'est la ressemblance qui est la base de toute charité parmi les hommes. Car si notre prochain n'est pas toujours notre égal, il est toujours notre semblable. Supposons, par exemple, qu'un paysan tombé dans un précipice, crie à un passant: « *Secourez votre semblable et votre prochain* »; il est indubitable que le passant, fût-il prince, volera à son secours. Mais si le paysan crioit : « *Secourez votre égal* », le passant seroit tenté de lui répondre: « *Attendez donc votre égal.* » Ainsi les hommes et les rangs étant inégaux, l'inégalité est le fondement de la politique; et les hommes étant semblables et soumis aux mêmes infirmités, la ressemblance est le fondement de l'humanité. Mais le mot *égalité* dissout à-la-fois et la politique et l'humanité : il ébranle donc l'ordre social dans ses deux bases fondamentales.

Au reste, ce sophisme, quoiqu'il ait pro-

duit des maux infinis, mais fait illusion à peu
sonnes. Si on dit à quelque satellite de la révolution : « Tu n'es pas mon semblable et mon
prochain, » alors, mais si on lui dit : « Tu n'es
pas mon égal, » il vous massacre. C'est qu'il
croit à la ressemblance qui le frappe, et qui
n'a pas besoin d'être prouvée ; et que ne
croyant pas à l'égalité, il veut l'établir par la
violence.

Observez que si les hommes sont naturellement inégaux, la loi les suppose pourtant
égaux ; elle soumet leur inégalité à sa mesure,
leurs préjugés à ses jugements, et leurs passions à son impartialité.

Non-seulement les philosophes ne pourroient
pas fonder un corps social avec le dogme de
l'égalité, mais ils ne sauroient même faire un
drame, qui n'est qu'une foible image de la vie.
N'oublions jamais que tout principe dont on ne
peut, ou dont on n'ose tirer les conséquences,
n'est pas un principe. Aussi, pour avoir per-
verti les idées, il s'est trouvé que la langue
s'est brusquement dénaturée sous leurs yeux :
de l'ordre intellectuel où ils s'étoient retran-
chés pour y régner, ils ont été précipités dans
les vagues des passions populaires. Les mots
abstraits qu'ils avoient jetés au peuple, comme
au miroir de cuivre, sont devenus les instru-

mens du sophisme et de la fourberie, et les expressions de la philantropie n'ont fourni des armes qu'à la barbarie et au fanatisme.

Les philosophes ont pu dire alors : « *Nous leur avons appris à n'avoir d'affection pour rien.* » En effet, le vice radical de la philosophie, c'est de ne pouvoir parler au cœur. Or, l'esprit est le côté partiel de l'homme; le cœur est tout. On a souvent comparé l'âme au feu; mais l'esprit n'a que la clarté; la chaleur est dans le cœur : l'esprit ne peut donc qu'éclairer les objets; le cœur seul les pénètre et se les identifie. De là vient que la morale qui parle au cœur, a si peu d'obligations à l'esprit philosophique. La conscience ne fait pas des découvertes : le vice et la vertu sont ses deux pôles, elle y touche à chaque instant. Les anciens vouloient de la morale pour tout le monde, et gardoient les mystères de leurs théories pour leurs disciples; les modernes ont voulu de la philosophie pour tous, et de la morale pour personne.

Aussi la religion, même la plus mal conçue, est-elle infiniment plus favorable à l'ordre politique, et plus conforme à la nature humaine en général, que la philosophie, parce qu'elle ne dit pas à l'homme d'aimer Dieu *de tout son esprit*, mais *de tout son cœur* : elle nous

B 2

prend par ce côté sensible et vaste qui est à-peu-près le même dans tous les individus, et non par le côté raisonneur, inégal et borné, qu'on appelle *esprit*. Quand on ne considéreroit les religions que comme des superstitions fixes, elles n'en seroient pas moins les bienfaitrices du genre humain; car il y a dans le cœur de l'homme une fibre religieuse que rien ne peut extirper, et que toujours l'espérance et la crainte solliciteront. Il s'agit donc de donner à l'homme des craintes et des espérances fixes. La superstition vague ne produiroit que des malheurs : c'est une foiblesse que la fixité change en force. Les métaux sont répandus sur toute la terre ; chaque état les marque à son coin ; ce qui produit le sentiment de confiance attaché à la fixité : ainsi la superstition est partout ; chaque peuple la marque à son coin, et la fixe ; et ce que tant de religions ont de commun entr'elles, de bon et d'admirable, c'est le sentiment qu'elles entretiennent, c'est le rapport de l'homme à Dieu. Si par un heureux concours de causes trop rares, il s'établissoit un culte plus universel sur la terre, le genre humain devroit s'en féliciter, comme il le feroit d'une monnoie et de toute mesure plus universelle. Il n'y a de bon que l'unité et la fixité, de nuisible que l'innovation et la diversité. *L'opinion publique* dont les philosophes ont fait de nos jours un si grand épouvantail pour les gouvernemens, ne réside en effet que dans le public, cette portion oisive, inquiète et changeante des corps politiques. Les opinions du peuple sont paisibles, universelles et toujours partagées par le gouvernement : qu'elles soient des jugemens ou des préjugés, n'importe ; elles sont bonnes, puisqu'elles sont fixes. Et voilà pourquoi les mœurs suppléent si bien aux loix. Dans le conflit des idées, des plans et des projets qu'enfantent les hommes, la victoire ne s'appelle pas *vérité*, mais *fixité*. C'est donc une décision et non un raisonnement, des autorités et non des démonstrations qu'il faut aux peuples. Le génie, en politique, consiste, non à créer, mais à conserver ; non à changer, mais à fixer ; il consiste enfin à suppléer aux vérités par des maximes ; car ce n'est pas la meilleure loi, mais la plus fixe, qui est la bonne. Voyez les opinions philosophiques : elles passent tour-à-tour sur la meule du tems, qui leur donne d'abord du tranchant et de l'éclat, et qui finit par les user. Voyez tous ces brillans fondateurs de tant de sectes ! leurs théories sont à peine comptées parmi les rêves de l'esprit humain ; et leurs systêmes ne sont que des variétés dans une histoire qui varie toujours.

Les anciens ayant donné des passions à leurs dieux, imaginèrent le destin qui étoit irrévocable, inexorable, impassible, afin que l'univers, ayant une base fixe, ne fût pas bouleversé par les passions des dieux. Jupiter consultoit le livre du destin, et l'opposoit également aux prières des hommes, aux intrigues des dieux et à ses propres penchans en faveur des uns et des autres.

Les jeunes gens sont loin de sentir qu'en politique, il n'y a de légitime que ce qui est fixe; qu'une loi connue et éprouvée vaut mieux qu'une loi nouvelle qui paroît meilleure, et que l'autorité ne fait pas des démonstrations, mais des décrets; ils sont loin sur-tout de penser, comme Socrate mourant, que les loix ne sont point sacrées, parce qu'elles sont justes, mais parce qu'elles émanent du souverain.

C'est ici, puisque tant de destructions laissent à découvert les fondemens antiques et vénérables de la religion et de la justice, qu'il faut en avouer franchement le principe, et justifier ces deux premiers besoins de l'ordre social et politique; la révolution et la philosophie du siècle m'en font une nécessité. Mais je ne parlerai que le langage de la raison humaine dénuée des certitudes de la foi et des clartés de la révélation.

Ce monde roule tout entier sur deux ordres de causes et d'effets; l'ordre physique et l'ordre moral; le premier parle aux sens, se fonde sur l'observation des phénomènes, et se prouve par le calcul; le second parle à la conscience, et ne considère que le côté moral de nos actions.

Dieu est toujours présent dans l'ordre physique de l'univers; ses loix s'accomplissent éternellement d'une manière éclatante et fixe.

Mais il est toujours absent dans l'ordre moral.

Il a donc fallu le suppléer, le faire intervenir dans cet ordre où il n'est pas, et *dignus erat vindice nodus*. Aussi toutes les religions ont-elles un commencement et des dates; toutes disent que Dieu a parlé, qu'il s'est montré; toutes proclament la venue de quelqu'envoyé de Dieu, descendu ici bas pour étayer l'insuffisance de la morale, fixer les perplexités de la conscience, et donner un but infini à cette courte vie. Or, si tout cela eût existé, si la morale eût été, comme la physique, fondée sur des loix visibles et toujours exécutées, l'intervention de Dieu, et par conséquent la religion eussent été inutiles. Dieu ne nous apparoît jamais pour nous dire qu'il a fait les loix du mouvement; qu'il ordonne d'y obéir; qu'il ne faut ni se blesser ni se noyer; qu'on périt faute de prudence ou de vigueur, etc. mais pour nous annoncer qu'il faut être humain, juste et bienfaisant; pour nous proposer, en un mot, l'ordre, la règle et le bonheur, l'attrait de la vertu et la haine du vice, sous l'appareil des plus hautes récompenses et des peines les plus effroyables dans une vie à venir.

En effet, si je tombe de ma fenêtre dans la rue, le poids de mon corps, la hauteur de ma chute, la fragilité de mes membres, et la dureté du pavé, tout est calculé, et j'ai le corps froissé ou brisé : la nature est là, avec ses loix éternelles, et je suis irrémissiblement puni de ma faute. Que je me trompe sur une manœuvre, sur une liqueur, sur une plante inconnue; je fais naufrage, j'égare ma raison, je perds la vie. Mais si je mens, ma langue ne se glace pas dans ma bouche; si je lève ma main en justice, pour un faux témoignage, mon bras n'est pas frappé de paralysie; enfin, si je massacre mon prochain, je ne suis pas foudroyé.

Il résulte de là deux vérités : l'une que Dieu ne punit que les fautes, mais qu'il les punit infailliblement.

L'autre, qu'il abandonne le châtiment des

crimes à la justice humaine et à la religion.

Car les fautes sont toujours des défauts de prévoyance ou de calcul, des péchés contre l'ordre et les loix physiques du monde; et les crimes qui sont des attentats contre l'ordre moral, ne sont matériellement que des actions dans l'ordre physique.

Mais les gouvernemens qui ne punissent pas les crimes, commettent la plus grande des fautes, et c'est ainsi qu'ils tombent sous la main de celui qui punit toujours les fautes. L'Europe offre en ce moment un mémorable exemple de cette vérité.

S'il faut, pour entretenir l'ordre physique du monde, que la nature punisse les fautes, la politique, pour maintenir l'ordre social, doit punir les crimes connus, et se servir de la religion et de la morale, pour réprimer les passions et poursuivre les crimes cachés dans les retraites où la loi ne pénètre pas. L'ordre social périroit, si le gouvernement laissoit impunis les délits avérés, et les crimes obscurs lui échapperoient, et finiroient par tout bouleverser, sans l'appui de la morale et le frein de la religion, qui sont ainsi les grands supplémens de la justice humaine.

La nature a donc constamment les yeux ouverts sur les fautes, et les tient toujours fermés sur les crimes. La politique et la religion sont indulgentes pour les fautes, mais elles ont l'œil ouvert sur les délits; ces trois puissances veillent ensemble sur nos actions; la nature sur les fautes; la politique sur les crimes connus; la religion sur les crimes cachés, sur les vices et même sur les intentions.

Ceci explique pourquoi le crime est souvent heureux sur la terre; il suffit pour cela qu'il ait été commis sans faute. Cromwel, par exemple, ne fit pas de fautes dans son grand attentat contre son pays et son roi; et dès qu'il régna, il punit les crimes des autres. Malheureusement le monde est plein de criminels rusés, qui, moins éclatans que Cromwel, jouissent comme lui du fruit de leurs complots conduits avec art ou avec bonheur. Ces artistes du crime ont toujours paru des objections contre la Providence : mais ce sont les gouvernemens, dont ils ont su tromper le regard et la surveillance, qui en sont responsables.

Un particulier qui commet un meurtre, est puni, parce que le corps politique a plus besoin d'un exemple que d'un particulier: mais un roi qui a le malheur de tuer un de ses sujets, n'est, et ne sauroit être puni juridiquement, parce que le corps politique a plus besoin d'un roi que d'un exemple, et qu'il ne faut pas que la réparation soit pire que le mal; tout souverain, peuple ou roi, est inviolable de sa nature.

En général, les crimes des puissances ne sont guères punis en ce monde, que par la haine et le mépris; à moins qu'ils ne soient accompagnés de fautes assez graves, pour que les trônes en soient renversés, car tout est proportionné.

En un mot, la nature n'a fait d'autre contrat avec nous que celui des loix éternelles du mouvement ; elle ne nous a promis que l'harmonie du monde physique : c'est à nous à créer et à maintenir l'harmonie du monde moral. Il est donc nécessaire, puisque tout conspire à l'ordre général du monde physique, qu'il se forme aussi une conspiration dans le monde moral, en faveur de la vertu contre le vice, et de l'ordre contre l'anarchie, de peur que les hommes ne soient, dans ce monde moral que Dieu leur a confié, plus vils que le moindre atôme dans le monde physique qu'il s'est réservé ; de peur enfin que ce ne soit par notre faute et pour notre malheur, si l'ordre social n'a pas, comme l'Univers, ses loix certaines et son invariable régularité.

Cette théorie que je viens d'exposer, donne une base inébranlable à la justice et à la religion. Je n'en connois pas, humainement parlant, de plus vraie, de plus imposante, de plus propre à fonder l'ordre social : point de politique sans justice et sans religion.

On sait qu'il s'est trouvé des hommes qui, se plaçant dans l'ordre physique, en ont tiré des conclusions pour l'ordre moral : «*Dieu, disent-ils, ne punit pas les crimes ; donc il y est indifférent; un meurtre n'est aux yeux de la nature qu'un peu de fer plongé dans quelques gouttes de sang : le mensonge qu'un vain bruit qui frappe l'air,*» et une foule d'autres sophismes aussi redoutables dans leurs conséquences, qu'horribles dans leurs motifs. On sait la belle réponse de Cicéron et de Caton à César, qui se permettoit de tels argumens, en faveur de Catilina et de ses complices. (1)

---

(1) César, parlant en véritable philosophe de nos jours, dit, que rien n'étant moins sûr que l'immortalité de l'âme, la privation de la vie étoit le plus grand mal qu'on pût faire à l'homme. Caton et Cicéron se levèrent, et sans argumenter avec lui sur l'immortalité de l'âme, ils observèrent au sénat que César professoit une doctrine funeste à la république et au genre humain. Ils répondirent en vrais philosophes, puisqu'ils parlèrent en hommes d'état. César vouloit que le sénat devînt un Lycée ; il posoit des principes métaphysiques, pour en tirer des conclusions politiques : sophisme que nous avons déja dénoncé.

Un prince que sa philosophie, c'est-à-dire, ses passions et ses principes, ont conduit au crime, et son crime mal ourdi, à l'échafaud, disoit un jour, que *l'or n'étant que de la boue, on pouvoit dépouiller un homme de son or, sans qu'il eût à s'en plaindre,* etc. Il faudroit, quand un homme se retranche ainsi dans l'état de brute, qu'il y restât tout-à-fait. Un tigre n'a jamais étranglé un voyageur pour son or : mais ces sophistes veulent raisonner dans un ordre, et jouir dans l'autre. Quant aux argumens plus funestes encore, tirés de l'incertitude d'une vie à venir, et de la certitude qu'un crime bien caché ne peut être puni dans ce monde, ils sont, à mon avis, la preuve la plus pressante qu'il faut une justice pour effrayer de tels raisonneurs, et une religion pour leur dérober le peuple, afin que le sophisme ne trouve pas de dupes, et que la corruption manque de satellites.

Car toute imposante qu'est la justice humaine, il ne faut que comparer un moment ses loix à celles de la nature, pour sentir combien la religion lui est indispensable pour gouverner les hommes.

La justice humaine dit : « *Tu ne tueras pas; car si tu tues, tu mourras :* » voilà le châtiment. Mais elle ne promet rien à celui qui ne tuera pas. La nature dit : « *Tu mangeras; car si tu ne manges pas, tu mourras :* » voilà le châtiment; « *Et si tu manges, tu auras du plaisir :* » voilà la récompense.

Dans ses préceptes, la nature unit donc le châtiment à la récompense, et la peine au plaisir : aussi ses loix sont des penchans : mais la justice des hommes n'a que des menaces. Tout se fait de gré dans l'une, et de force dans l'autre.

Mais si la religion, plus auguste que la justice, et plus libérale que la nature, intervient dans le pacte social, elle charge les devoirs de tant de prix, et les prévarications de tant de peines, qu'elle peut donner au cœur humain, un penchant impérieux pour le bien, et une horreur invincible pour le mal. C'est alors que la politique, forte d'une aussi haute alliée, et s'appuyant sur de telles craintes et de telles espérances, peut se promettre d'établir dans le monde moral, les mouvemens réguliers, et la tranquille administration de la nature.

« On voit, dira-t-on, des hommes qui
» ne croient point à la Providence, et qui sont
» eux-mêmes une véritable providence pour
» tout ce qui les environne; l'honneur est une
» religion terrible qui nous enchaîne dans les

» moindres procédés, comme dans des devoirs
» sacrés ; l'homme juste, le seroit sans tribu-
» naux, etc. » Cela est incontestable ; mais cette
multitude qui se dérobe aux regards de l'honneur et aux censures de l'opinion, qui n'a
d'innocent que ses occupations, et dont les
loisirs sont si redoutables ; sur qui cent bonnes maximes ne font pas autant d'effet qu'un
seul mauvais principe, qu'en ferez-vous
donc ? philosophes, je vous le demande. Si
les hommes cultivés sont encore mieux retenus par la crainte que par la raison, que ferez-vous de cette masse inculte d'hommes
qui ne comprennent que les harangues des
passions ? Vous savez ce qu'il en a coûté pour
les avoir attroupés et harangués philosophi-
quement, et pour leur avoir donné l'empire
avant l'éducation.

Laissez donc à la religion, et les assemblées
populaires, et l'éloquence passionnée qui lui
réussit toujours avec le peuple. Vous ne parle-
rez jamais aussi puissamment qu'elle à l'amour
de soi, puisqu'elle seule promet et garantit aux
hommes un bonheur éternel ; et c'est pourquoi
elle attendrit et ramène les plus barbares. Voyez
les croisés pleurer en entrant dans Jérusalem ;
voyez les musulmans fondre en larmes à la vue

de la Mecque; parce que si l'homme est traître et cruel à l'homme, il ne l'est pas à lui-même. Que l'histoire vous rappelle que par-tout où il y a mélange de religion et de barbarie, c'est toujours la religion qui triomphe; mais que par-tout où il y a mélange de barbarie et de philosophie, c'est la barbarie qui l'emporte.

Laissez l'honneur et la morale pure au petit nombre, et la religion et ses pratiques au peuple. Car si le peuple a beaucoup de religion, et si les gens élevés ont beaucoup de morale, il en résultera pour le bonheur du monde, que le peuple trouvera beaucoup de religion à la classe instruite, et que celle-ci trouvera beaucoup de morale au peuple; et on se respectera mutuellement.

« Mais, dira-t-on encore, la philosophie apprend à supporter la pauvreté et à pardonner les outrages. » Je ne crois pas que la philosophie ait à se vanter d'avoir encore inspiré le mépris des richesses et l'oubli des injures à une nation. Je la défie sur-tout de calmer un cœur en proie à ses remords; et c'est ici que triomphe la religion.

Quand un coupable bourrelé par sa conscience, ne voit que châtimens du côté de la justice, et flétrissures du côté du monde; quand l'honneur, ajoutant encore ses tortures

à

à son désespoir, ne lui ouvre qu'un précipice, la religion survient, embrasse le malheureux, appaise ses angoisses, et l'arrache à l'abime. Cette réconciliation de l'homme coupable avec un Dieu miséricordieux, est l'heureux point sur lequel se réunissent tous les cultes. La philosophie n'a pas de tels pouvoirs; elle manque à la fois et de tendresse avec l'infortuné et de magnificence avec le pauvre : chez elle, les misères de la vie ne sont que des maux sans remède, et la mort est le néant; mais la religion échange ces misères contre des félicités sans fin, et avec elle le soir de la vie touche à l'aurore d'un jour éternel.

Enfin, autant la philosophie moderne entrave les gouvernemens, autant la religion rend l'empire facile. Spinosa convient que c'est par elle qu'on obtient aisément le miracle de l'obéissance. Un grand roi disoit que si son peuple étoit plus religieux, il diminueroit son armée et ses tribunaux; et je ne sais quel empereur répondit à un philosophe qui vouloit passer avec lui d'une discussion métaphysique à des conseils sur le culte : *Ami jusqu'aux autels*.

Il y a, de plus, cette différence entre la philosophie et les religions, que celles-ci, en se propageant dans le monde, y laissent une sorte de sentiment pieux, qui s'allie naturellement

C

à la morale, tandis que la philosophie, que le peuple entend toujours mal, ne laisse pourtant pas de lui donner une sorte de tournure impie, qu'elle-même désavoue, et qui tue tout. Si la religion ne répond pas de tel individu, elle répond des masses; et ne fût-elle pas indispensable à tel homme en particulier, elle l'est à telle quantité d'hommes.

Il n'en est pas ainsi de la philosophie; elle ne répond que de quelques individus. Les masses, les peuples et les empires lui échappent, même à l'époque où il n'y a ni prêtres, ni rois.

Pourquoi les idées les plus superstitieuses se marient-elles si naturellement aux vérités les plus importantes, tandis que l'esprit philosophique se mêle aux erreurs les plus monstrueuses ? C'est que Dieu est tellement source d'harmonie, que son idée raccommode tout. Avec la religion, il n'est point d'erreur mortelle pour les peuples.

C'est la religion qui attache la multitude à certaines idées, qui la rassemble sans danger, et lui prêche l'égalité et la fraternité sans erreur et sans crime. (1) Expression du rap-

***

(1) Je présume qu'on ne voudra pas comparer nos salles de spectacle, où le public qui paie n'a des oreilles que pour la pièce qu'on joue, à ces clubs où tout entroit

port des hommes à Dieu, elle est l'inestimable caution qu'ils se donnent sur la même foi, le crédit réciproque qu'ils se prêtent sur leurs âmes, le gage sacré qu'ils se confient mutuellement sur leur salut éternel : caution, crédit et gage qui reposent sur le serment, lequel, sans religion, est un mot sans substance. La conscience contracteroit en vain avec elle-même. Il faut l'intervention de Dieu pour que les hommes ne se jouent pas des hommes, pour que l'homme ne se joue pas de lui-même. La morale sans religion, c'est la justice sans tribunaux : morale et religion, justice et tribunaux, toutes choses corrélatives, et dont l'existence est solidaire, comme la parole et la pensée.

Qu'on ne s'étonne donc pas que les gouvernemens s'accordent facilement avec les religions; mais entr'eux et les philosophes, point de traité; il faut, pour leur plaire, ou que le gouvernement abdique, ou qu'il leur permette de soulever les peuples. En un mot, la philosophie divise les hommes par les opinions, la religion les unit dans les mêmes dogmes, et la politique dans les mêmes principes : il y a donc un contrat éter-

---

gratis, où fermentoit l'écume de la nation, où chacun parloit à l'envi contre le gouvernement, la religion et la propriété.

nel entre la politique et la religion. Tout etat, si j'ose le dire, est un vaisseau mystérieux qui a ses ancres dans le ciel.

Le vrai philosophe qui entend ce mystère, laisse la foi à la place de la science, et la crainte à la place de la raison, parce qu'il ne peut se charger de l'éducation du peuple, ni courber par l'habitude, ou élever par le perfectionnement des facultés, les esprits et les cœurs d'une multitude destinée au travail et aux sensations, et non au repos et au raisonnement. Il ne gagneroit rien à dire aux peuples : « Soyez justes, parce qu'il règne une » grande harmonie dans l'univers. » Ce n'est pas ainsi que la politique traite avec les passions. Elle considère l'homme, non-seulement avec l'œil de la loi, mais avec les yeux de la morale et de la religion ; car elle s'aide de tout, dans l'art difficile de gouverner. Elle demande des leçons à la morale, et des forces à la religion ; elle emprunte des lumières à la philosophie même ; enfin elle prend des brides de toutes mains. Le crime des philosophes est de faire présent de l'incrédulité à des hommes qui n'y seroient jamais arrivés d'eux-mêmes ; car ceux qui ont le malheur d'y parvenir par la méditation ou par de longues études, sont ou des gens riches, ou des esprits calmes et élevés, retenus à leur place, par l'harmonie générale. Leur éducation et leur fortune servent de caution à la société; mais le peuple, que tout invite à remuer, et qui ne sent pas l'ordre dont il fait partie, reste sans crainte et sans espérance, dès qu'il est sans foi. J'en appelle à nos philosophes même; quand la philosophie a commencé une révolution dans leur esprit, ne les a-t-elle pas trouvés pliés aux bonnes mœurs et aux bons principes par le gouvernement et par la religion ? Il est donc certain que la philosophie moderne a moissonné dans le champ de la religion et de la politique : si elle trouvoit les hommes comme elle se les figure, ou comme elle voudroit les façonner, elle ne verroit bientôt plus que des monstres. Aussi la brièveté de ses vues, son embarras et son impuissance, n'ont jamais paru d'une manière plus éclatante, qu'à l'époque où elle a réuni tous les pouvoirs et réalisé son rêve d'un *peuple philosophe*. C'est alors qu'elle a vu trop clairement que si, pour vivre dans le loisir et la mollesse, il faut s'entourer d'hommes laborieux; il faut, pour vivre sans préjugés, s'environner d'un peuple de croyans; c'est un terrible luxe que l'incrédulité. (1)

---

(1) Bayle distingue fort bien entre l'incrédulité des

Pour ne rien laisser en arrière dans cet intéressant procès de la philosophie moderne et de la religion, j'avouerai que les différens cultes qui remontent par leur date, jusqu'au berceau des corps politiques, en ont trop souvent consacré les puérilités ; qu'ils ont béatifié des fanatiques, placé la vertu dans des actes insignifians, accordé à l'oisiveté et à la virginité des honneurs qui n'étoient dus qu'au mariage, à la chasteté et au travail. Il n'est donc pas étonnant que la religion en général donne prise aux objections d'un siècle raisonneur ; et comme les religions visent éminemment à la fixité, et que chez elles tout devient sacré, s'il se trouve, par exemple, que Mahomet ait parlé de sa jument, cet animal sera révéré dans toute l'Asie, et fournira un ample sujet d'ironies aux philosophes, qui se moqueront et du peuple crédule et du législateur sans méfiance, qui n'a pas prévu leur arrivée ; et ces scènes scandaleuses dureront jusqu'à ce que les philosophes comprennent enfin que ce n'est pas pour atta-

---

jeunes gens et celle de l'âge mûr. L'incrédulité d'un savant étant le fruit de ses études, doit être aussi son secret ; mais l'incrédulité dans les jeunes gens est le fruit des passions ; elle est toujours indiscrète, toujours sans excuse, jamais sans danger.

quer les religions qu'il faut du génie et du courage, mais pour les fonder et les maintenir. Cette réflexion si simple n'est encore tombée dans l'esprit d'aucun d'eux. Ils ont fait, au contraire, grand bruit de leur incrédulité; ils en ont fait le titre de leur gloire; mais dans les têtes vraiment politiques, l'incrédulité ne se sépare pas du silence. (1)

Il est encore vrai qu'au lieu de se contenter de dire que Dieu réserve pour une autre vie l'ordre qui ne règne pas dans celle-ci, les prêtres veulent qu'il se déclare quelquefois, et qu'il déploie sa justice et sa puissance en ce monde, pour punir l'impiété, sauver l'innocence ou récompenser la vertu. Delà les miracles; et comme l'ordre visible de la nature est un miracle perpétuel, il a fallu que Dieu suspendît cet ordre dans les grandes occasions; qu'il prouvât sa présence dans l'ordre moral par un moment d'absence dans l'ordre physique, et qu'enfin un miracle fût une interruption de miracles.

C'est trop : on s'expose par-là à la scène de

_____

(1) Voltaire, en parlant des services qu'il croit avoir rendus au genre humain par ses attaques multipliées contre la religion, dit très fastueusement : *Je vous ai délivrés d'une bête féroce.*

Polyeucte, si funeste à toutes les religions. Le peuple qui croit que Dieu se vengera, s'attend à un miracle, et si le miracle n'arrive pas, tout est perdu. De la neutralité de l'Etre-Suprême dans les misérables débats des hommes, à l'incrédulité la plus effrénée, il n'est qu'un pas pour le peuple. Ce n'est point alors le raisonnement qui fait des impies, mais le succès. La scène dont je parle s'est répétée dans le premier temple de la capitale d'un grand royaume, et le peuple a cru gagner le même jour une bataille contre son Dieu, comme il l'avoit gagnée contre son roi.

J'observerai, en passant, que celui qui renverse l'ancien autel pour en élever un nouveau, est un fanatique; et que celui qui renverse pour ne rien substituer, est un insensé. Les philosophes ont même tort de dire que les gouvernemens doivent fermer les yeux sur les irrévérences et les impiétés, sous prétexte que Dieu est au dessus de nos insultes; car il s'en suivroit aussi-tôt qu'il est au dessus de nos hommages, et alors point de religion.

C'est, je l'avoue aussi, pour avoir cru que la divinité est toujours présente dans l'ordre moral, que nos pères établirent le duel judiciaire, qu'ils appeloient en conséquence *jugement de Dieu*, persuadés que l'Etre-Suprême se déclareroit nécessairement pour l'innocent, et que la victoire seroit toujours l'expression de sa justice; mais l'innocent foible eut tant de fois le dessous, et le coupable robuste triompha si souvent, qu'il fallut enfin renoncer à cette superstition.

On reproche aux différens clergés d'avoir mêlé trop de métaphysique à la théologie, et d'avoir par-là multiplié les hérésies; mais qu'est-ce que toutes les hérésies, en comparaison d'un seul principe philosophique ? C'étoient les hommes qui empoisonnoient tel ou tel dogme; mais aujourd'hui, c'est tel principe philosophique qui empoisonne les hommes. Et si on m'objecte que les religions ont multiplié les mendians, je répondrai que la philosophie moderne a multiplié les brigands, et que si la religion a eu le malheur d'armer les peuples contre les peuples, la philosophie, plus coupable encore, a croisé les nations contre leurs gouvernemens, contre leurs loix, contre la propriété, contre la nature éternelle des choses; et qu'enfin elle a mis le genre humain dans la voie d'une dissolution universelle.

Si on rapproche maintenant la conduite des prêtres et des philosophes, on trouvera qu'ils se sont également trompés dans l'art sublime de gouverner les hommes. Les prêtres, pour avoir pensé que la classe instruite croiroit toujours ; et les philosophes, pour avoir espéré que le peuple s'éclaireroit.

Les uns et les autres ont parlé de la religion, comme d'un moyen divin, et de la raison, comme d'un moyen humain : c'est le contraire qu'il falloit penser et taire.

Enfin, par je ne sais quelle démence inexplicable, les philosophes ont exigé qu'on leur démontrât la religion, et les prêtres ont donné dans le piége ; les uns ont demandé des preuves, et les autres en ont offert : on a produit d'un côté, des temoins, des martyrs et des miracles ; de l'autre un tas d'argumens et de livres aussi dangereux que fastidieux. Le scandale et la folie étoient au comble, quand la révolution a commencé. Les prêtres et les philosophes traitoient la religion comme un problème ; tandis qu'il falloit d'un côté la prêcher, et de l'autre la respecter. Ils n'ont donc ni les uns ni les autres entendu l'état de la question ; car il ne s'agit pas de savoir si une religion est vraie ou fausse, mais si elle est nécessaire. On doit toujours pour ne pas sophistiquer, déduire les vérités dans leur ordre : or, si telle religion n'est pas démontrée, et qu'il soit pourtant démontré qu'elle est nécessaire, alors cette religion jouit d'une vérité politique. Je vais plus loin, et je dis qu'il n'y a pas de fausse religion sur la terre, en ce sens que toute religion est une vraie religion, tout poëme est un vrai poëme. Une religion démontrée ne différeroit pas de la physique ou de la géométrie, ou plutôt ce ne seroit pas une religion.

Malgré la diversité des langues, il n'y a qu'une parole sur la terre; ainsi, malgré la variété des cultes, il n'y a qu'une religion au monde; c'est le rapport de l'homme à Dieu, *le dogme d'une providence :* et ce qu'il y a d'admirable, c'est que tout peuple croit posséder et la plus belle langue est la vraie religion. Vouloir les détromper, c'est attenter à leur bonheur, c'est le crime de la philosophie. Quand il est vrai qu'il me faut une croyance, il est également certain qu'il ne me faut pas une démonstration; et comme ce seroit tromper les peuples que de les assembler sans religion, il est bien inepte aux philosophes d'avancer que la religion trompe les peuples. Un peu de philosophie, dit Bacon, découvre que telle religion ne peut se prouver, et beaucoup de philosophie prouve qu'on ne peut s'en passer.

Que les philosophes ouvrent donc les yeux : qu'ils comprennent, il en est tems, qu'on peut toujours avoir abstraitement raison, et être fou; semer par-tout des vérités, et n'être qu'un boute-feu; qu'ils demandent des secours, non des preuves au clergé; qu'ils se souviennent que Dieu s'en est reposé sur nous de tous nos développemens; qu'il n'a pas fait l'homme sans savoir ce que l'homme feroit; que c'est en le faisant religieux, que Dieu a réellement fait la religion, et que c'est ainsi que l'Etre Suprême opère certains effets de la seconde main. Mais qu'ils ne traitent pas cette politique d'hypocrisie; car, n'est pas hypocrite qui l'est pour le bonheur de tous. Qu'ils daignent au contraire se mettre de moitié dans le grand but de gouverner et de faire prospérer les nations : qu'ils entrent au plutôt dans cette généreuse et divine conspiration qui consiste à porter dans l'ordre moral l'heureuse harmonie de l'ordre physique de l'Univers.

Mais il faut, pour concourir à une fin si noble et si salutaire, que les philosophes conviennent de bonne-foi, qu'à quelque prix que les premiers législateurs aient fondé les corps politiques, ils méritent les remerciemens du genre humain. Qui, à l'aspect des hordes sauvages et sanguinaires qui se nourrissent de chair humaine, tout ce qui a pu les tirer de cet horrible état, est non-seulement légitime, mais admirable ; enfer ou paradis, ange ou diable, n'importe : Esope ou Zoroastre, vérités appelées *fables*, fables appelées *vérités :* tout est bon, pourvu qu'on serve et qu'on sauve le genre humain; et quoique le dogme de l'intervention de Dieu dans les affaires des hommes ait été souillé chez quelques nations grossières, par d'horribles superstitions, tels que les sacrifices humains, les épreuves du feu et de l'eau, les combats, dits *jugemens de Dieu*, les dons excessifs faits à l'église, les vœux insensés et barbares, etc. disons tous que l'idée contraire seroit encore plus fatale au monde.

Au reste, les impies eux-mêmes sont forcés d'avouer que, chez les grandes nations, le culte s'épuroit de jour en jour. Dégagée des subtilités de l'école, et de quelques vieilles pratiques trop superstitieuses, la religion se rapprochoit de l'adoration d'un Etre-Suprême, et se réduisoit à des dogmes importans unis à des cérémonies aussi nobles que touchantes : les lumières du clergé égaloient celles des philosophes; la simplicité s'alliait à la majesté pour la double satisfaction de l'esprit et des sens : l'arbre étoit bien greffé et sagement émondé; et c'est l'époque que les philosophes ont choisie pour l'abattre. Il en est donc des cultes comme des gouvernemens ! on ne les renverse que lorsqu'ils sont trop bons et trop doux. (1)

---

(1) Ce seroit une présomption insupportable que de prétendre avoir eu seul raison dans une révolution qui a égaré tant de têtes ; mais je crois qu'on me pardonnera si je cite ici une peinture de la religion chrétienne, tirée d'une lettre à M. Necker, imprimée sur la fin de 1787 : elle prouvera que je n'ai pas varié, et que ce n'est pas à la révolution que je dois mes principes.

« On diroit que le ciel même avoit préparé la terre pour l'établissement du christianisme. En vain la mythologie flattoit les foiblesses humaines, et charmoit l'imagination ; il y a dans l'homme une partie raisonneuse qui n'étoit pas satisfaite ; la religion n'étoit que poétique, et voilà pourquoi il se formoit de toutes parts, des sectes et des associations d'adorateurs d'un seul Dieu. Le stoïcisme sur-tout éleva l'homme au-dessus de lui-même ; mais comme tant de sages ne professoient que le déisme pur, et ne dressoient des temples à Dieu qu'au fond de leur cœur, ils ne purent fixer les regards de la multitude qui admiroit leur vertu, sans voir quel en étoit l'objet et le prix. La superstition débordée sur la terre, demandoit une main qui lui creusât un lit, et lui donnât un cours régulier. Le christianisme vint et parla aux sens, à l'esprit et au cœur : en retenant la pompe du paganisme, la métaphysique des grecs, et toute la pureté du stoïcisme, cette religion se trouva parfaitement appropriée à la nature humaine. C'est elle qui a consacré le berceau de toutes les monarchies de l'Europe : elle a favorisé le progrès de la lumière, en nourrissant le feu des

Je conclus de tout ce qui précède, que les philosophes ne sont au fond que des prêtres tar-

disputes; elle a fait tourner au profit des nations, et les utiles scandales des papes, et les loisirs du cloître, et les succès des méchans, et les efforts des incrédules; et je ne sais ce que tous ses adversaires réunis pourront mettre à sa place, si jamais l'Europe les constitue arbitres entre l'homme et Dieu. »

Quant à mes opinions politiques, on sait en France que j'ai attaqué l'assemblée constituante sur la fin du mois de juin 1789, près d'un an avant tous ceux que ses excès ont convertis, près d'un an avant M. Burke; comme il l'a reconnu lui-même dans une lettre imprimée à Paris en 1791. Il n'est donc pas vrai, comme on l'imprime tous les jours, que M. Burke ait le premier attaqué la révolution. Je renvoie le lecteur au Journal Politique, dont j'apprends qu'on vient de donner une nouvelle édition à Paris. On y verra les précautions que je prenois pour que l'Europe n'attribuât pas à la nation française, les horreurs commises par la foule de brigands, que déja la révolution et l' d'un grand conspirateur avoient attirés dans la capitale. Je ne citerai que la phrase suivante, elle est du 30 juillet 1789, époque où l'assemblée partageoit l'ivresse qu'elle inspiroit; où elle préludoit à nos désastres, en applaudissant aux exécutions populaires. « Malheur
» à qui remue le fond d'une nation! il n'est point de
» siècle de lumières pour la populace; elle n'est ni
» française ni anglaise. La populace est toujours, et
» en tout pays la même, toujours cannibale, toujours
» anthropophage, et quand elle se venge de ses magis-

difs qui, en arrivant, trouvent la place prise par les premiers prêtres qui ont fondé les nations. Ils en conçoivent de la jalousie contre leurs rivaux ; et comme ils ne paroissent guères que vers le déclin des empires dont ils sont assez souvent les avant-coureurs, les philosophes se servent des lumières des vieux peuples pour tout renverser ; comme les prêtres se servirent de l'ignorance des peuples naissans pour

---

» traits, elle punit des crimes qui ne sont pas tou-
» jours avérés, par des crimes toujours certains. »

Je sais qu'on ne gagne rien à prouver à des gens qui se sont trompés, qu'on ne s'est pas trompé comme eux : la raison est inutile avant l'évènement, et odieuse après. Si les citations précédentes me donnent ce triste avantage, c'est à mon respect pour la fixité et pour l'humanité que je le dois. Le goût de l'étude conduit à l'amour du repos, l'un et l'autre à l'amour de l'ordre, et l'amour de l'ordre nous fait respecter les puissances.

On sent bien que ce n'est pas sans hésiter que je me suis engagé dans une discussion sur l'origine et les motifs de la religion et de la justice : mais deux réflexions m'ont décidé : l'une, qu'on ne pouvoit plus attaquer la philosophie régnante, que dans son fort ; l'autre, que le peuple ne me lira pas. Je fournis des armes contre ceux qui l'ont égaré, à ceux qui veulent sincèrement le diriger vers la paix et le bonheur. J'espère que les journalistes habiles parleront sobrement sur cette question délicate, et que les plus sages s'y distingueront par leur discrétion.

tout

tout établir. Car, observez que tous se disputent le peuple, ce magasin toujours subsistant de forces, de richesses et d'honneurs. C'est là que puisent les ambitieux de toute espèce, et qu'ils trouvent toujours des bras et des armes, tantôt au nom de la religion, et tantôt au nom de la nature. Nos ayeux, dans leurs disputes religieuses, citoient le même livre de part et d'autre; aujourd'hui c'est la nature qu'on invoque des deux côtés. L'homme étant composé de besoins et de passions, les deux partis prennent également à témoin la nature de l'homme : *nous naissons libres*, dit l'un ; on ne peut donc enchaîner nos passions sans attenter à notre liberté ; *nous naissons nécessiteux*, dit l'autre ; il faut donc donner aux besoins le pas sur les passions. Les uns soutiennent que toute souveraineté vient de Dieu, qui fait et conserve tout ; les autres crient que le vrai souverain, c'est le peuple qui peut tout détruire. Ils renouvellent le combat du bon et du mauvais principe, et les esprits mitoyens qui écrivent pour concilier les deux partis, sont en effet les manichéens de la politique.

On menera toujours les peuples avec ces deux mots, *ordre et liberté* ; mais l'ordre vise au despotisme, et la liberté à l'anarchie. Fatigués du despotisme, les hommes crient à la liberté ;

D

froissés par l'anarchie, ils crient à l'ordre. L'espèce humaine est comme l'Océan, sujette au flux et au reflux. Elle se balance entre deux rivages qu'elle cherche et fuit tour-à-tour, en les couvrant sans cesse de ses débris.

Le plus ardent ennemi de l'ordre politique dit que l'homme est naturellement *libre*, *juste* et *bon*; mais il entend l'homme solitaire ; c'est se moquer : il n'y a point de vertu sans relation. A l'égard de qui un être solitaire peut-il être *libre*, *juste* et *bon*? C'est pourtant avec cette idée fausse que ce philosophe se lança dans l'ordre politique, cherchant toujours l'homme parmi les hommes, l'indépendance entre les liens et les devoirs, la solitude au sein des villes, et accusant toujours une nation de n'être pas un homme.

Je vais parler en peu de mots de cette liberté, de cette justice et de cette bonté primitives de l'homme.

Mais la liberté civile et politique n'étant pas de mon sujet, il faut se contenter de poser ici la définition précise de la liberté personnelle ou franc-arbitre, et l'appliquer en passant à la politique.

Tout être qui se détermine lui-même est puissance : toute puissance qui n'est pas opprimée par une autre, est libre. Car, obéir à ses idées, à ses passions ou à tel autre motif; c'est obéir à sa volonté, c'est n'obéir qu'à soi, c'est être libre. La liberté pour l'homme consiste à faire ce qu'il veut dans ce qu'il peut; comme sa raison consiste à ne pas vouloir tout ce qu'il peut. Les idées nous arrivent sans notre consentement; mais il nous reste le pouvoir de nous arrêter à celle qu'il nous plaît. Tout être qui est ainsi passif et actif tour-à-tour n'a pas d'autre liberté; mais tout être qui peut choisir entre un raisonnement et une passion, ne doit ni concevoir ni désirer d'autre liberté. L'homme est donc un mélange de pouvoir et d'impuissance : il y a donc dans chacune de ses actions une partie libre et une partie qui ne l'est pas : le regret et le repentir tombent toujours sur la partie libre de nos déterminations; mais puisque l'homme se détermine toujours par quelques motifs, au lieu d'en conclure, comme certains philosophes, qu'il n'est pas libre, et que par conséquent les supplices sont inutiles et injustes, il falloit plutôt convenir d'abord, qu'un animal sans motif seroit aussi sans volonté, et ne sortiroit pas de l'indifférence qu'on a follement appelée *liberté d'indifférence*. Un homme qui se trouve, par exemple, devant deux routes qui se croisent, sera-t-il éminemment libre, parce qu'il ignorera quelle est la bonne ? il est au contraire, enchaîné par l'indécision; sa volonté s'agite dans les ténèbres, et cet état est si pénible, qu'il cherche de toute sa puissance à s'en arracher au plutôt. Il falloit ensuite avouer, que puisque l'homme ne fait rien sans motif, les supplices sont également utiles et légitimes; car où trouver des motifs plus puissans que la crainte de la douleur et de la mort?

On peut faire une question singulière sur la liberté, cet inépuisable sujet de tant de sophismes: on peut, dis-je, demander, si l'homme, quand il doute et reste en suspens, tient la balance, ou s'il est lui-même la balance? Je réponds, qu'il est la balance elle-même, mais une balance animée qui sent ce qu'elle pèse, et qui ajoute au côté qu'elle préfère, le poids toujours victorieux de son consentement.

On connoît le fameux problême qui consiste à concilier la liberté de l'homme avec son obéissance forcée aux loix de la nature. La solution de cette difficulté est dans la définition même de la sorte de liberté dont nous jouissons. Dès qu'il agit, l'homme commence le mouvement; mais il n'échappe pas, pour cela, aux loix générales du mouvement : il est acteur dans une pièce qu'il n'a pas faite, et les légères variations qu'il se permet dans son rôle ont été prévues par le maître du spectacle. L'homme fait partie de la nature; mais sa liberté ne consiste pas à heurter la nature. Il obéit, soit à son insu, soit volontairement, soit forcément, à une suite de loix que les gens inappliqués appellent *hasard* ou *fortune*, les esprits religieux *providence*, et la plupart des philosophes *nécessité*; mais il sent qu'il fait ce qu'il veut, et cela lui suffit. Quand on veut ce que l'on désire, lorsqu'en un mot l'on veut ce que l'on veut, on est libre. Ce sentiment ne remonte pas au delà de la volonté. Quelques dialecticiens ont avancé que l'être qui veut être heureux, n'est pas libre, puisqu'il est irrésistiblement poussé vers le plaisir et le bonheur.... Je ne répondrai pas à ces folles subtilités.

Mais une vérité importante, qu'il ne faut jamais perdre de vue, c'est que la liberté a été donnée aux animaux comme *moyen* et non comme *but*. Ils ne naissent pas, ils ne vivent pas pour être libres, mais ils sont libres pour pouvoir vivre et se perpétuer. C'est ainsi que les plantes ont la fixité; leur sentiment ne veut pas quitter le sol qui les nourrit; celui des animaux veut changer de place, selon le besoin. La plante qui ne pourroit se fixer, et l'animal qui ne sauroit bouger, périroient également.

Expliquons maintenant pourquoi l'homme

ne peut conserver et déployer toute sa liberté dans l'ordre social et politique.

L'homme, en venant au monde, avoit deux puissances à exercer, et par conséquent deux sortes de liberté ; l'une, intérieure, sur le mécanisme de son être, soit qu'il eût dirigé la digestion, la génération, le cours des humeurs et leurs sécrétions, etc., ou qu'il eût maîtrisé le jeu de ses idées et le cours de ses passions. L'autre, extérieure, sur l'usage de ses mouvemens et de ses membres dans l'accomplissement de ses actions.

Mais la nature entre en partage avec l'homme naissant ; elle se réserve les principales fonctions de la vie, et lui abandonne la souveraineté des autres. C'est dans le département qui lui est confié par la nature, que l'homme est aussi libre que puissant ; sur tout le reste il est esclave.

C'est ainsi qu'en entrant dans l'ordre social, l'homme est encore obligé de compter avec un gouvernement, comme la nature avoit compté avec lui, lorsqu'il vint au monde. Tout gouvernement fait donc avec les hommes le partage des fonds que leur avoit laissés la nature. Il vérifie les pouvoirs ; il étiquète les actions : les unes restent permises et les autres indues. L'homme est donc libre sur les premières, et esclave sur les secondes. Il périroit s'il vouloit tout faire dans l'ordre physique, et s'il vouloit tout retenir dans l'ordre politique ; cet ordre ne sauroit subsister. Il est vrai que pour qu'un gouvernement soit bon, il faut qu'il soit aussi fixe dans ses limites que la nature dans les siennes, et que les transgressions soient aussi rares que les miracles.

La justice, que j'ai promis de définir, n'a pas d'autre origine que le jugement. Que l'homme prononce entre deux idées, entre deux faits, entre deux individus; qu'il obéisse à son goût, au rapport de ses sens, à la voix de sa conscience, il est également juge; et voilà pourquoi les loix ne sont en effet que des jugemens portés d'avance, des décisions éventuelles applicables à tous les cas. On les fait d'avance, pour se donner le plus haut dégré de désintéressement.

Chacun naît avec sa balance particulière; l'éducation et la société nous apprennent et nous forcent à nous servir des mêmes poids ; car l'homme naît juge, mais il ne naît pas juste dans le sens moral. L'enfant prend tout ce qu'il trouve, et pleure quand il faut restituer.

L'habitude constante de bien appliquer son jugement, s'appelle *justesse* ou *justice;* justesse, quand nous n'employons à juger les choses que nos sens, notre intérêt et notre esprit; justice, quand c'est la conscience morale qui prononce.

Il n'existe et ne peut exister pour l'homme de justesse ou de justice universelle; tous ses jugemens sont relatifs; tout est humain dans l'homme; les vertus ne sont des vertus, que parce qu'elles sont utiles au genre humain. Quand je prononce sur une cause qui semble m'être étrangère, la décision que je porte me regarde; car elle peut un jour m'être appliquée à moi-même. La justice universelle, incorruptible, impartiale est sans doute dans la balance qui a pesé les mondes : la nôtre est née de la crainte et du besoin. Dieu ne peut donc être juste de la justice des hommes; et voilà pourquoi il nous laisse détourner notre raison et notre conscience à notre profit. Il n'y a de morale que de l'homme à l'homme.

N'est-il pas incontestable, par exemple, que tous les animaux ont le même droit que nous aux bontés de la nature; qu'ils sont, comme nous, sensibles à la douleur, et que leur vie est aussi précieuse que la nôtre aux yeux du père commun? et cependant, nous usurpons leur domaine, nous les chassons, nous les tuons, nous vivons de leur chair, et nous buvons leur sang. Que dis-je? nous leur tendons une main perfidement protectrice, nous leur prodiguons la nourriture; et tantôt favorisant leurs amours, tantôt les privant des sources et des plaisirs de la génération, nous multiplions et nous perfectionnons nos victimes. La faim et l'amour, ces deux grands bienfaits de la nature, ne sont entre nos mains que des pièges toujours tendus à ces malheureux compagnons de notre séjour sur la terre. Nous faisons tout cela sans remords; voilà qui est incontestable, ainsi que les argumens contre la guerre; et, en attendant, les boucheries et les champs de bataille sont et seront toujours ouverts aux besoins et aux fureurs des hommes. C'est que cette vérité, qui nous assimile les animaux, n'est pas de l'ordre où nous vivons; c'est qu'il faut vivre avant de raisonner. Si la nature produisoit tout-à-coup une race supérieure à la nôtre, nous serions d'abord aussi coupables que les requins et les loups.

Quant à la bonté native de l'homme, c'est un être de raison, si on entend par-là, une bonté morale. L'homme naît avec des organes physiquement bons et avec des besoins utiles; mais il n'est là rien de moral. S'il naissoit bon ou mauvais, il naîtroit homme fait ou déterminé : rien ne pourroit, ni le convertir ni le pervertir. Mais l'homme naît propre à devenir juste ou injuste, sur-tout à être l'un et l'autre, et en général, à n'être que médiocrement bon et médiocrement méchant.

L'enfant exerce d'abord sa volonté sur tout ce qui l'environne : si on lui cède en tout, il devient tyran; si on lui résiste arbitrairement en tout, il devient esclave : point de milieu. Mais une éducation dirigée avec quelque bon sens le conduit aux idées de liberté et de vertu, état raisonné où il n'auroit su parvenir seul.

L'éducation se compose de résistances nécessaires et de justes condescendances : c'est une transaction perpétuelle des volontés et des besoins d'un homme, avec les besoins et les volontés des autres : c'est un fonds placé sur un enfant, dont lui et la société retirent les fruits.

La morale, la religion et les loix concourent à ce grand œuvre de l'éducation de l'homme : mais la morale ne peut que conseiller; la loi ne peut que protéger et punir; la religion seule persuade, recompense, punit et pardonne : elle suppose l'homme fragile, le conserve bon ou le rachete coupable. En un mot, l'homme naît volontaire et animal d'habitude : le gouvernement le protège, la nécessité le plie, le monde le dirige, la morale l'avertit, et la religion le ramène. Sensible par nature et sans effort, ce n'est pas sans effort et sans aider la nature, qu'il devient enfin l'être social et raisonnable par excellence. Ce n'est qu'à cette heureuse époque d'une éducation affermie, que la vraie philosophie peut se montrer à lui sans danger, et fixer ses regards sans l'éblouir. Jusques là, elle n'a rien fait pour lui.... Mais je me trompe ; c'est la vraie philosophie qui a mis en avant et le monde et la nécessité et la morale et la religion ; et quand Télémaque approche du but, c'est encore elle qui laisse tomber ses voiles, et lui découvre que Mentor et Minerve, c'est-à-dire l'instruction et la sagesse, ne diffèrent pas de la vraie philosophie.

Enfin l'homme de la nature, ce n'est pas l'homme solitaire, mais l'homme social : en voici la preuve. Il faut pour obtenir un homme solitaire dans un désert, le priver de son père, de sa mère et d'une femme : et dans la société, il faut ou qu'une certaine philosophie morose le relègue dans la solitude, ou que certaines idées religieuses le confinent dans une cellule, ou qu'enfin la tyrannie ou les loix le plongent dans leur cachot. Il faut donc des efforts pour obtenir l'homme solitaire ; mais il suffit d'abandonner l'homme à lui-même, pour le voir aussi-tôt en société. C'est donc l'homme social qui est l'homme de la nature ; l'état solitaire est donc un état artificiel. Aussi, quand des individus épars et sauvages se réunissent à quelque peuple que ce soit, ils quittent pour ainsi dire le règne animal, pour s'aggréger au genre humain. L'homme solitaire ne peut figurer que dans l'histoire naturelle ; encore y sera-t-il toujours un phénomène. On rougit de perdre le tems et la parole à défendre des vérités si triviales ; mais la honte en est à ceux qui nous y réduisent.

Ce n'est pas pour avoir ignoré ces vérités que je prends à partie les nouveaux philosophes, mais pour les avoir combattus, et presque étouffés sous la multitude de leurs paradoxes ; pour être parvenus à dégoûter une grande nation de son expérience et de son bon sens, à la fatiguer de sa prospérité, à lui faire honte de son ancienne gloire : pour avoir, le jour même de leur toute-puissance, composé leur *déclaration des droits de l'homme*, cette préface criminelle d'un livre impossible : pour avoir oublié que de toutes les autorités, celle à qui le peuple obéit le moins, ou d'une manière plus versatile, c'est lui-même : pour avoir méconnu la loi des proportions dans un empire, et confondu sans cesse la souveraineté avec la propriété : pour avoir tenté l'homme social avec l'indépendance de l'homme des bois : pour s'être donné comme auxiliaires les brigands qu'ils se plaignent d'avoir aujourd'hui pour maîtres ; pour avoir cru qu'on pouvoit, sans corrompre la morale publique, honnir et prostituer tour-à-tour le serment, dépouiller deux cent mille propriétaires, et applaudir aux premiers meurtres qui ensanglantèrent les mains du peuple : pour avoir cru ou feint de croire qu'il y avoit dans ce peuple plus de malheureux que d'ignorans, et plus de misères que de vices : (car de ce qu'une révolution s'opère par les fautes de la cour, il ne faut pas conclure qu'elle se fait par les vertus du peuple :) pour avoir dit : *Déshonorons l'honneur, et nouveaux Mesences, condamnons les hommes au supplice de l'égalité* : pour avoir soutenu que leur révolution étant sans exemple, on ne pouvoit leur opposer ni le raisonnement, ni l'histoire, ni l'expérience : pour avoir, en semant la démocratie dans leur constitution, établi un long et sanglant duel entre la population et le territoire de l'empire : pour s'être enfin dissimulés que le plus énorme des crimes, c'est de compromettre l'existence des corps politiques, puisqu'ils sont à-la-fois les grands conservatoires de l'espèce humaine, et les plus grandes copies de la création.

En effet, après l'univers et l'homme, il n'existe pas de plus belle composition que ces vastes corps dont l'homme et la terre sont les deux moitiés, et qui vivent des inventions de l'un et des productions de l'autre. Sublimes alliances de la nature et de l'art, qui se composent d'harmonies, et dont la nécessité forme et serre les nœuds ! C'est-là que l'espèce humaine se développe dans tout son éclat; qu'elle fleurit et fructifie infatigablement ; que les actions naturelles deviennent morales; que l'homme est sacré pour l'homme; que sa naissance est constatée, sa vie assurée et sa mort honorée : c'est-là qu'il s'éternise, qu'il recommence, je ne dis pas dans un enfant que le hasard lui aura donné, mais dans l'héritier de son nom, de son rang, de sa fortune et de ses honneurs, enfin dans un autre lui-même ; là, ses dernières volontés sont recueillies; elles deviennent loix ; un homme mort est encore puissance, et sa voix est entendue et respectée. C'est-là que chacun a la force de tous, le fruit du travail de tous, sans craindre l'oppression de tous. C'est dans le corps politique que le genre humain est toujours jeune, toujours animé du double esprit de famille et de propriété : c'est enfin là que les peuples sont autant de géans qui comptent leurs années par les générations, qui applanissent les monts, qui marchent sur les mers, embrassent, fécondent, connoissent et maîtrisent le globe qu'ils habitent. C'est pourtant là ce que nos philosophes n'ont pas respecté.

En voyant l'homme nud, réduit à ses seuls organes, supposons qu'une voix se fût élevée, et eût dit : « Donnons à cet être une vitesse
» double de la sienne; qu'il parcoure la terre
» sans se lasser; qu'il franchisse l'Océan, et fasse
» le tour du monde; qu'il emporte sa maison
» avec lui, par mer et par terre; que les murs
» transparens et solides de cette maison flot-
» tante ou roulante ne laissent passer que la
» lumière, et le défendent de la pluie et des
» vents; qu'il ait l'étoile polaire à sa disposi-
» tion, le tems dans sa poche et la foudre dans
» ses mains; ou qu'enfin, immobile et pai-
» sible dans sa demeure, il fasse partir ses
» volontés, et entendre sa pensée d'un bout
» de la terre à l'autre. » Le monde entier se fût écrié : « Vous voulez donc en faire un
» dieu! » Et c'est cependant là ce qui est arrivé : l'homme monté sur un vaisseau, porté dans sa voiture, muni d'une boussole, d'une montre, d'une plume et d'une arme à feu, a réalisé le prodige; et ce grand pas ne sera point le dernier; car dans la carrière des arts,

où finit l'homme qui précède, commence l'homme qui suit. Voilà, en peu de mots, l'abrégé des merveilles qui résultent de la réunion politique des hommes; et c'est-là pourtant, ce que nos philosophes n'ont pas respecté.

Ah! si du moins ils eussent reporté leurs yeux vers le triste début du genre humain, ils auroient vu de combien de larmes et de sang fut arrosé son berceau! car en découvrant l'Amérique, nous avons assisté à l'âge d'or; l'homme de la nature a été pris sur le fait. Ces grands mots ne peuvent plus nous faire illusion : combien de siècles d'anthropophagie! que d'essais malheureux! que de petits corps politiques avortés ou écrasés, avant qu'un législateur conquérant ou religieux leur eût donné des formes fixes! mais il est du destin de nos philosophes de ne lire ni dans les archives du tems, ni dans les patentes de la nature ; et ce qui est bien plus digne de pitié, leurs victimes ont partagé leur aveugle délire. L'homme prendra toujours pour ses amis les ennemis de ses ennemis. Les gouvernemens n'étoient pas aimés; les philosophes les attaquoient, et le peuple les crut ses amis; l'enchantement fut réciproque : les philosophes crurent aimer le peuple. Mais le pouvoir dont l'essence est de s'allier à la bonté et à la fixité

dans

dans les têtes saines, fermenta et s'aigrit dans celles de nos philosophes. C'est inutilement qu'Aristote avoit défini la loi, *une âme sans passions;* les philosophes, devenus souverains, n'entendirent que la voix des passions, et ne parlèrent que leur langage. Ils virent le monde, la raison et la postérité dans l'étroit et fougueux théâtre de leurs tribunes; ils prirent la contagion pour le succès; ils admirèrent tout, jusqu'au jour où ils tremblèrent. La mort et l'exil les ont surpris entre ce qu'ils vouloient faire et ce qu'ils ont fait, je veux dire entre les rêves de l'ambition et les œuvres de la sottise. Vaincus, ils ont mérité leurs revers sans qu'on puisse dire que les vainqueurs aient mérité leurs succès : on ne sauroit parler d'eux avec justice, sans avoir l'air d'en parler avec mépris. Que penser, en effet, d'un corps législatif qui dit sans cesse : « *Ah !* » *si la nature et la nécessité nous eussent* » *laissé faire !* »

Allégueront-ils aujourd'hui que le tems et la fortune ont manqué à leur règne ? Quatre années, je ne dis pas de soumission, mais d'enthousiasme, l'ont signalé. Se plaindront-ils du défaut de lumières et d'avertissemens ? on leur citera toutes les prédictions dont ils se sont moqués, et les cris et les larmes des propriétaires dont ils ont ri, et les efforts et les plans des monstres qu'ils ont connus et favorisés. N'est-ce pas dans les assemblées révolutionnaires que se concertoient les loix et les décrets de chaque jour? n'est-ce pas là que les députés du peuple alloient s'armer de la force qu'ils déployoient dans le corps législatif? Les titres de *patriote* et de *révolutionnaire* ne devinrent-ils pas synonymes? *Mais nous n'avons égorgé personne*, diront-ils : plaisante humanité que de laisser la vie à qui on ôte les moyens de vivre! Vous avez oublié d'égorger : c'est dans la carrière du crime, le seul oubli qu'on vous connoisse, et on en est réduit à expliquer le mal que vous n'avez pas fait. Si vous prétendez donc ne point être responsables des crimes démesurés de vos alliés, la postérité, qui sait mieux que nous placer ses mépris et ses haines, prononcera ; elle prononcera entre ceux qui ont paré la victime, et ceux qui l'ont immolée ; entre les conseillers du crime, et ses exécuteurs ; elle verra si les principes ne sont pas toujours plus coupables que les conséquences ; (car la philosophie moderne n'est autre chose que *les passions armées de principes*) : elle verra, dis-je, s'il n'est pas dans l'ordre qu'on fasse trembler ceux qu'on n'a pas pu faire rougir, et qu'on rende odieux ceux qu'on n'a pu rendre justes : si on doit quelque pitié ou même quelque indulgence à des esprits superbes qui se sont placés volontairement entre un passé sans excuse, et un avenir sans espoir : si en dernier résultat, la raison ne prescrit pas de ranger le jacobinisme parmi les ouragans, les pestes et les fléaux qui désolent la terre. Il n'y a que la brute qui morde la pierre qu'on lui lance : mais l'homme voit la main qui le frappe, et les philosophes ne donneront pas le change à nos douleurs. Enfin, la postérité dira jusqu'à quel point les peuples eux-mêmes ont mérité leurs malheurs ; car ils furent instrumens avant d'être victimes, inhumains, avant d'être malheureux ; et la prospérité les avoit aveuglés avant même que la puissance eût égaré leurs chefs.

Vous le savez, lorsqu'un empire est florissant, quand l'arbre politique a plongé ses racines dans la terre, mère des propriétés, et levé les bras vers le ciel, source de toute harmonies, les peuples qui se reposent à son ombre, oublient avec le tems combien de fois sa précieuse semence fut foulée aux pieds ou dispersée par les vents ; la maladie du bonheur les gagne ; leurs forces leur font illusion ; ce n'est pas, comme leurs déplorables aïeux, à

E 2

la nature avare qu'ils s'en prennent, mais à la politique qui les a tirés de sa sévère tutèle; ils ne sentent plus que l'autorité publique pèse comme bouclier et non comme joug; ils s'épuisent en objections contr'elle; ils font autant de mal à leur gouvernement, qu'il s'en faisoient à eux-mêmes avant tout gouvernement; mais le châtiment est là; et dès que le gouvernement est dissous, les barbares se retrouvant en face, les calamités recommencent, et la conservation du genre humain redevient un problème.

Je ne saurois trop le répéter; mériter son malheur est le plus grand des malheurs.

D'autres que moi peindront *ce règne de la terreur*, où, pour l'éternelle humiliation des ambitieux sans génie, on vit le plus obscur satellite de la philosophie moderne, s'élever au trône par un sentier que les philosophes lui avoient ouvert de leurs mains, et pavé de leurs têtes : époque où sur une surface de trente mille lieues carrées, six cent mille français se trouvèrent tout-à-coup sans asyle et sans issue; où chaque loi ajoutoit à la lâcheté plus encore qu'au désespoir; où l'on ne savoit plus que gémir, payer et mourir; où tout étoit en réquisition et dans les fers; où tout fut victime et bourreau : époque, sans exemple, où les pères et les enfans, poussés par milliers aux frontières, y venoient en tremblant pour y faire trembler l'Europe; ils y arrivoient, dis-je, courbés par la crainte; mais, grâce à la politique des puissances, ils y trouvoient d'abord la brillante distraction des victoires qui les relevoit; et on vit, pour la première fois peut-être, la peur orgueilleuse et l'orgueil tremblant; on vit la première armée qui ait encore marché entre la terreur et la gloire, entre les triomphes et l'échafaud; et cependant la nation écrasée au dedans et redoutée au dehors, consternée de ces massacres sans fin, et confuse de ces victoires sans fruit, attendoit, en frémissant, un nouveau dieu, un gouvernement inconnu..... L'agonie de ce peuple a duré quatorze mois, et il n'a pas tenu aux ennemis de l'humanité, tant intérieurs qu'extérieurs, que le dernier français ne se soit enfin trouvé en présence du dernier bourreau.

Cette effroyable crise s'est appellée *gouvernement révolutionnaire:* expression indéfinissable, monstrueuse alliance de mots, préparée par la philosophie du siècle !..... Le signal est donné; plus d'autorités constituées; tout est *comité* ou *tribunal révolutionnaire;* la souveraineté du peuple est suspendue; ses représentans déclarés inamovibles ne sont plus inviolables; car il faut que l'un meure, et que l'autre règne. La nation entière tombe à-la-fois en état d'interdiction et de conspiration ; mineure pour agir, et majeure pour le supplice ; elle tombe et se débat sous les poignards de cent mille assassins.... Quel est ce char mystérieux, immense, dont les roues innombrables vont en tout sens, chargés d'échafauds, de têtes coupées et de sceptres brisés ? c'est le char de la révolution. Et ce peuple hideux et couvert de haillons, aux yeux hagards, aux bras ensanglantés, qui se presse autour du char ? c'est le peuple de la révolution... Mais le char avance, applanissant tout ; il roule continuellement dans les places publiques, dans les rues, devant les portes ; parcourant la France, traînant ou écrasant mille victimes par jour, et la nuit ne ralentit pas sa course. Sur le char est assise la révolution, le soupçon en avant et la hache à la main. Le bruit lugubre de sa marche couvre celui de la guerre, et le canon qui tue au loin, paroît doux et brillant à des imaginations profondément épouvantées des coups imposans, perpétuels et sourds de la guillotine. Point de douleur éclatante ; tout est glacé d'horreur. Point de retour sur sa fortune et sur sa famille ; tout est à la révolution. Point de pitié pour la jeunesse et l'innocence : tout est nécessaire. Il faut que le sang coule, que les villes tombent, que la nation diminue : il faut que le brigand aguerri et que le pauvre oisif, brute et féroce, mettent la France à leur portée. Je n'entends qu'un cri : *La révolution ira, le char avancera.* Eh quoi ! tant de villes sans communication, tant de bouches sans murmure, tant de population sans mouvement ! La terreur comprime tout : la terreur isole tout. Vieux respects, propriétés antiques, droits, humanité, vous êtes des conspirations; sanglots étouffés, soupirs et gémissemens, vous êtes des signes de contre-révolution : la terreur est la justice.... Cependant les maisons se ferment, les chemins se couvrent d'herbes, et les murailles de listes mortuaires. Quel silence ! La nation entière est aux écoutes : quelques journaux lui disent froidement les décrets du jour et le nombre des morts.

Tout français est soumis, rampant, fidèle, et tout français est suspect : on passe, on s'examine à la dérobée, de peur de se reconnoître; on se reconnoît pour s'éviter. Quand on marche au supplice, il n'y a qu'une ancienne réputation, ou quelque rôle éminent dans la révolution qui vous attire un regard, un mot, ou quelques féroces applaudissemens de ce peuple occupé, et le spectacle du lendemain vous efface à jamais. Accoutumés à voir tomber, massacrer, exhumer ses idoles, le peuple les suit à l'échafaud avec le sentiment *révolutionnaire*. La subsistance est assurée à la foule qui entoure le char, et à la multitude qui combat aux frontières ; sur tout le reste, les pâleurs de la faim et les ombres de la mort. On ne compte qu'avec la révolution et sur la révolution : c'est elle qui nourrit et dévore, qui élève et renverse, qui produit et détruit.

L'or n'achète plus la vie et ne sauroit payer la fuite ; et cependant la corruption est dans le sein de la barbarie. Mais si tout se vend, rien ne se garantit : c'est toujours, *sauf la révolution et la guillotine* : tel vient mourir après s'être racheté six fois. N'espère pas, citoyen timide, te réfugier parmi les bourreaux, en promettant d'être un scélérat : il faut l'avoir été ; ce ne sont pas des crimes à venir, mais des crimes commis et connus qu'on te demande. Et cependant, on peut être coupable de tant de manières envers la révolution, que peu de scélérats lui échappent : car la révolution n'est pas un froid tyran qui calcule ses coups ; c'est un tyran affamé qui n'épargne ni ses pourvoyeurs, ni ses satellites, un tyran entraîné qui ne peut s'arrêter qu'il ne tombe : mais le char de la révolution résiste par sa masse, et dure par son mouvement.

Où fuir, à qui parler ? à qui se confier ? ce n'est plus comme au tems des rois, où un exil vous recommandoit au public, où la disgrace honorée, trouvoit par-tout des asyles. Mais ici pas une retraite, pas un cœur, pas une larme : l'ennemi d'une nation ! il tombe tout-à-coup dans une excommunication universelle : sa femme et ses enfans frémissent à sa vue ; il faut que de sa main il abrège son supplice et termine sa vie, ou qu'il vienne lui-même s'offrir à l'échafaud, où tout aboutit.

Philosophie moderne, où nous as-tu conduits, et à qui nous as-tu livrés ? sont-ce là tes saturnales, tes triomphes et tes orgies !... sombre nuit descendue au nom de la lumière ! vaste tyrannie, au nom de la liberté ! Profond délire, au nom de la raison ! sanglans outrages, insultes recherchées, affronts inhumains, on ne sauroit vous peindre trop fidèlement pour être utile, ni trop vous atténuer pour être cru !

Ainsi fut traitée la nation française, cette nation plus légère que la fortune. Mais je m'arrête : ces grandes infortunes m'ont entraîné malgré moi : je m'arrête à l'aspect d'un vaste empire qui crie de toutes ses proportions *à la monarchie*, et d'un gouvernement dis-

proportionné qui s'intitule *république*. (1)
Je m'arrête et je frémis au spectacle inouï

(1) Par la constitution, le pouvoir exécutif peut être mis aux fers; mais il peut aussi, en dépit de la constitution, couvrir la France de soldats, lever des impôts à la barbe du corps législatif, humilier ou exterminer l'un et l'autre conseils, et tout au moins, tenter la guerre civile. Une constitution qui place le trône si près des galères, irrite et dégrade le pouvoir exécutif; elle le rend à la fois indigne et ennemi de la nation française: il faut qu'il rampe ou qu'il règne; qu'il ne soit que le greffier des deux conseils, ou que ceux-ci deviennent sa chancellerie; il a trop ou trop peu, cette constitution fait supposer qu'on l'a calculée pour un tems de calme et à une époque sans factions; elle suppose sur-tout un souverain qui impose également aux deux conseils et au directoire; mais quand on songe que ce souverain est le peuple, c'est-à-dire un corps sans *moi*, une force sans puissance, qu'on peut mitrailler sans obstacle, et que par conséquent les deux pouvoirs ne sont liés que par une hypothèse et une illusion; quand on songe que la France est divisée en deux factions immenses; quand on voit que les conseils ont déjà gagné deux tiers sur le levain conventionnel, tandis que le directoire n'en a perdu qu'un cinquième, on a quelque raison de trembler. Quant à la corruption, ce grand ressort de la constitution anglaise; il est évident que le directoire ayant le maniement des deniers, aimera toujours mieux corrompre l'armée que le corps législatif.

Je sens bien qu'il faudroit appuyer tout ceci de preuves, avant qu'une triste expérience vienne le démontrer; mais je ne suis pas encore en état d'offrir au

d'une nation religieuse et d'un gouvernement impie, qui, après l'avoir dépouillée de ses temples, les lui loue à prix d'argent, qui, après s'être emparé de la moitié de ses terres,

---

public la théorie du corps politique. J'éprouve de jour en jour, que les matières politiques sont d'une tout autre difficulté que les abstractions métaphysiques : il est plus aisé d'analyser que de composer, et le corps politique ne vit que de composition. L'esprit purement analytique lui est funeste, comme j'espère le prouver.

Mais si le peu d'idées politiques éparses dans ce discours, y manquent de développement, elles ne manquent pas de vérité.

Ceux qui croient au dogme de la souveraineté du peuple, se demandent souvent comment une nation peut être gouvernée malgré elle ? Je réponds que plus un peuple est nombreux, moins il peut s'entendre ; voilà son impuissance ; mais plus il est nombreux, plus il fournit de soldats et d'argent ; voilà la puissance de son gouvernement.

Presque toutes les nations ont confondu les formes républicaines avec la jouissance de leurs droits, et la tyrannie de plusieurs avec la liberté. Ces paroles ne sont pas de moi, elles sont de Condorcet. Ainsi parloit, avant la révolution, ce philosophe qui a tant aidé à la révolution, et qui s'est vu, à l'âge de cinquante ans, forcé d'avaler du poison, au fond d'un cachot, à la veille du supplice que lui préparoit ses frères en philosophie et ce peuple souverain pour qui il avoit tant écrit.

après l'avoir ruinée, mise en fuite et massacrée par masse, ose proposer à la portion qui reste, d'acheter les biens de la portion qui fuit, et trouve ainsi l'art de désespérer l'une et d'avilir l'autre. Car l'unique amendement de la cruauté, c'est l'avarice, comme l'unique détour dont il daigne user avec ses victimes, c'est de rejeter sur Robespierre le fardeau de ses premiers attentats. (1.)

J'aurois pu, sans doute épargner au lecteur ce dernier coup-d'œil et ces déchirans souvenirs : mais le moment où j'écris m'en a fait une dure nécessité. Il s'en faut bien que les

---

(1) Que Robespierre n'ait péri que de la main de ses complices, c'est le plus grand malheur qui pût arriver aux français : ceci n'a pas besoin de commentaires. Mais je ne peux m'empêcher de faire ici quelques réflexions sur le grand service que ce tyran a rendu à la France et à la masse des propriétaires, en Europe.

En serrant les principes de la révolution, et les portant brusquement à leurs extrêmes conséquences, il a confondu l'obstination, désenivré l'enthousiasme des idolâtres de cette révolution. Le bon sens ne trouvoit que des incrédules, parce qu'il plaçoit les malheurs trop loin ; mais Robespierre, en faisant succéder le système de la terreur au système de l'injustice et de la folie, a mûri tout-à-coup la raison publique : il a rendu présent à l'ignorance et à la sottise, ce qu'elles jugeoient impossible. Il a confisqué les biens de ceux qui avoient sanctionné le dé-

philosophes soient fatigués d'erreurs, les gouvernemens de fautes, et les peuples de malheurs : et, tant que durera le divorce entre la force et la justice, entre la puissance et la bonté, entre le raisonnement et la raison, je conclurai que les châtimens n'ont pas encore égalé les crimes.

---

pouillement de l'église et de la noblesse. Il a demandé des larmes, aux yeux qui rioient de nos maux, et du sang, aux spectateurs qui avoient applaudi à nos meurtriers : par lui, les bourreaux ont goûté du sort des victimes. C'est ainsi que pressant les évènemens, rapprochant les maximes de leurs résultats, le principe de la conséquence et le début de la fin, il a placé les châtimens près du crime ; et que sans attendre qu'une autre génération vînt pleurer sur le délire et l'iniquité de celle-ci, il n'a point ajourné le désespoir et le remords : en un mot, il a reversé sur la tête des pères les maux qu'ils préparoient à leurs enfans ; il a forcé l'erreur, la mauvaise foi et le brigandage à frémir comme la raison, la probité et l'innocence ; et grâce à ses cruautés, le siècle présent s'est jugé et condamné, a parlé et prononcé sur lui-même, comme la postérité

www.ingramcontent.com/pod-product-compliance
Lightning Source LLC
LaVergne TN
LVHW050604090426
835512LV00008B/1341